まちごとチャイナ

Zhejiang 001 Zhejiang
はじめての浙江省
杭州・紹興・寧波

Asia City Guide Production

【白地図】浙江省と長江デルタ

CHINA
浙江省

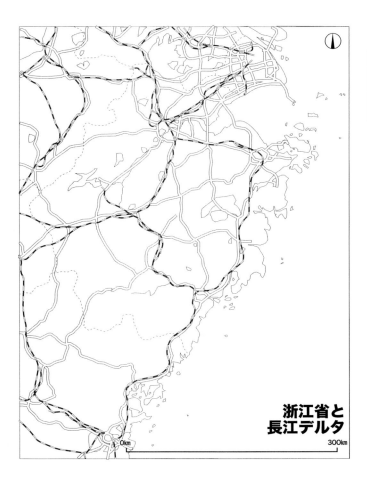

Zhejiang | 白地図

**浙江省と
長江デルタ**

【白地図】杭州西湖

CHINA
浙江省

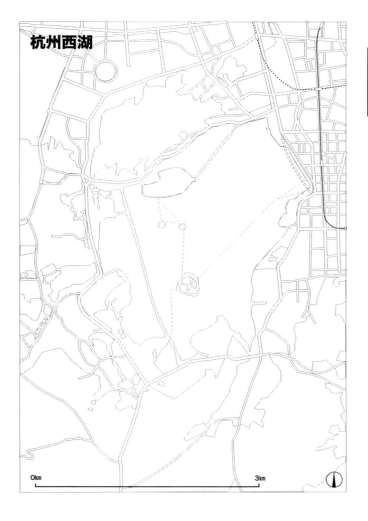

【白地図】杭州旧城

CHINA
浙江省

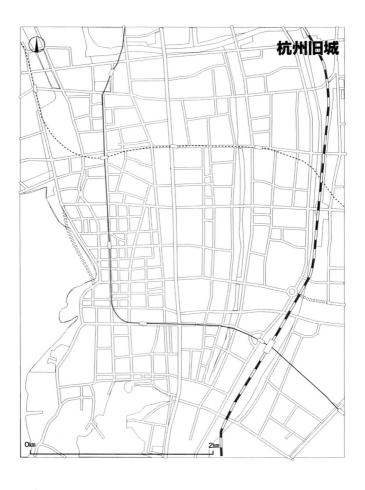

【白地図】杭州郊外

CHINA
浙江省

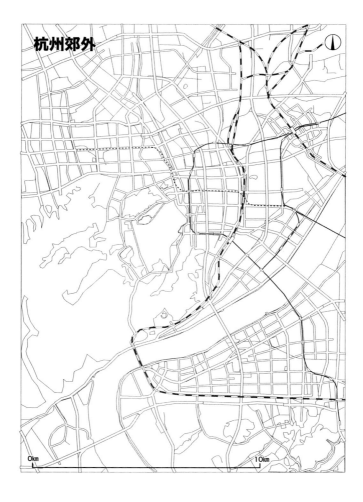

【白地図】紹興

CHINA
浙江省

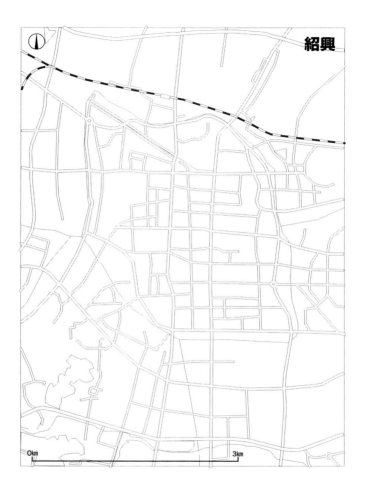

紹興

Zhejiang 白地図

【白地図】魯迅故里

CHINA
浙江省

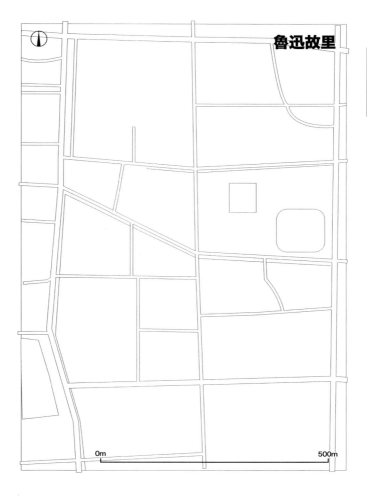

【白地図】紹興郊外

CHINA
浙江省

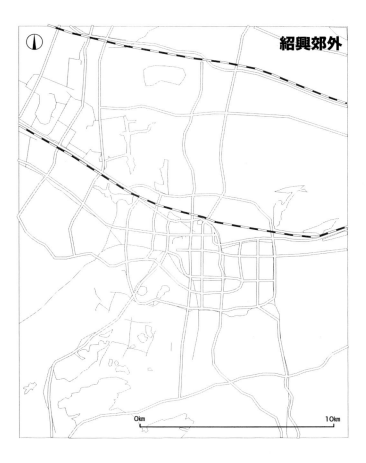

紹興郊外

Zhejiang 白地図

【白地図】寧波

CHINA
浙江省

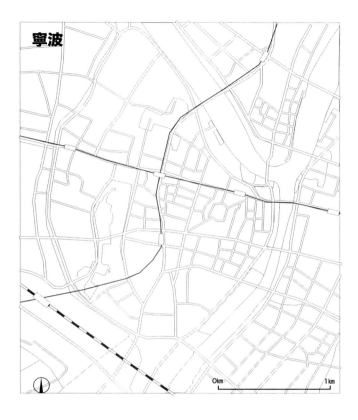

【白地図】寧波郊外

CHINA
浙江省

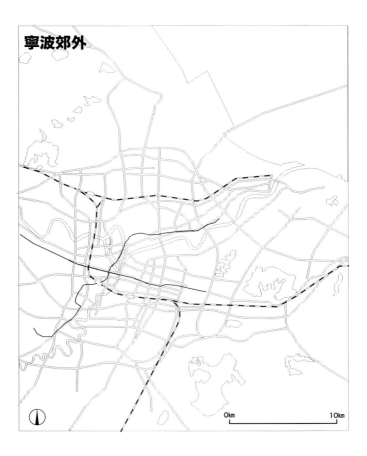
宁波郊外
Zhejiang 白地图

CHINA
浙江省

【まちごとチャイナ】
浙江省 001 はじめての浙江省
浙江省 002 はじめての杭州
浙江省 003 西湖と山林杭州
浙江省 004 杭州旧城と開発区
浙江省 005 紹興
浙江省 006 はじめての寧波
浙江省 007 寧波旧城
浙江省 008 寧波郊外と開発区
浙江省 009 普陀山
浙江省 010 天台山
浙江省 011 温州

杭州湾をはさんで上海の南側に位置し、東と北東で海に接する浙江省。気候は温暖で、春夏秋冬の四季がめぐり、中国でも大変過ごしやすい地域だと知られる。

この浙江省は、ちょうど春秋(紀元前5世紀)越国の領域にあたることから、古名を「越」という。当時、中原から見て遠い辺境の地であったが、時代を追うごとに開発が進み、南宋(1127〜1279年)時代、杭州に都がおかれた。以後、中国文化の中心は中原から江南に遷ったと言われ、杭州は蘇州(江蘇省)とともに中国を代表する都市となった。

はじめての浙江省
Zhejiang
浙江省 Zhè jiāng shěng チャアジィアンシェン

　また東海に面した地理と海流の関係から、古くから浙江は日本と関わりがあり、遣唐使、入宋の仏僧、遣明使といった日本の使節は1000年のあいだ寧波を窓口とした（そのため茶や中国文化は、浙江から日本にもたらされた）。現在では街の環境のよさや立地もあって多くの企業が拠点を構え、近代以降に発展した上海の後背地という性格をもっている。

【まちごとチャイナ】
浙江省 001 はじめての浙江省

目次

はじめての浙江省	xx
海と山と稲穂の世界	xxvi
杭州城市案内	xxxiii
杭州郊外城市案内	li
浙江文化豊かさと繊細さと	lviii
紹興城市案内	lxv
紹興郊外城市案内	lxxxi
寧波城市案内	lxxxvii
寧波郊外城市案内	xcvii
浙江から海流に乗って	ciii

【MEMO】

【地図】浙江省と長江デルタ

【地図】浙江省と長江デルタの [★★★]
- ☐ 杭州 杭州ハァンチョウ
- ☐ 紹興 绍兴シャオシィン
- ☐ 寧波 宁波ニィンボオ

浙江省と長江デルタ

海と山と稲穂の世界

CHINA
浙江省

省都の杭州、水郷の紹興、港町の寧波
美しい自然が広がる浙江の地
「臥薪嘗胆」で知られる越王勾践にさかのぼる

浙江省の構成

北側に平原部が広がり、南側と西側は山間丘陵地帯の浙江省。「山7割、田んぼ2割、水1割」と言われ、山水と稲穂揺れる稲田が織りなす美しい風土をもつ。また浙江省沖には大小1800もの島嶼が浮かび、この省の海岸線は全長2200kmに達する。一方で会稽山、天台山、四明山など著名な浙江の山は道教や仏教の聖地とされ、省南西部の丘陵地帯から北東部の平原低地へと標高は遷ろっていく。それにあわせて杭州湾へ流れるのが浙江省の地名にもなった銭塘江（浙江）で、河口ほとりに省都杭州が位置する。浙江省はこの銭塘江の東西で

Zhejiang 海と山と稲穂の世界

「浙東」と「浙西」に大きくわかれ、海洋文化の影響の強い「浙東」、運河の張りめぐらされた「浙西」といった性格をもつ。両者は学問、文化、言語などでも大きな特徴があると言われ、この地域差は春秋時代の呉（浙西）と越（浙東）以来のものだという。

浙江省のかんたんな歴史

紹興郊外には、紀元前21世紀ごろに活躍した伝説の禹王の陵墓が残り、それは浙江省が当時の中華の影響がおよぶ最果ての地だったことを示すという。浙江省が歴史上現れるのは、

CHINA
浙江省

▲左　杭州西湖のほとりでゆったりと過ごす。　▲右　寧波中心部に立つシンボルの天封塔

　春秋時代（紀元前5世紀）のことで、紹興に都をおいた越は、呉越の争いのなかでやがて宿敵の呉（蘇州）を破った。当時、浙江の地では漢族とは異なる越族が暮らしていたが、六朝時代（3〜6世紀）以後、南遷する漢族の移住先となり、浙江の会稽山や天台山の美しい風光を多くの文人が詩に残している。海洋交易が活発となるなか、610年、隋の煬帝は京杭大運河を完成させ、その南端の杭州から紹興、寧波へと運河支線（浙東運河）が続き、浙江省の開発も進んだ。このころから浙江の中心は、紹興から杭州へ遷り、南宋（1127〜1279年）の都が杭州におかれたことで、現在まで続く杭州や浙江省の地

【MEMO】

CHINA
浙江省

位が確立された。以後、元、明、清代を通じて「政治の都」北京に対して、浙江と江蘇は経済と文化の先進地となった。こうした性格は、19世紀から急速に発展をとげた上海に受け継がれ、浙江は上海の食・文化・人材などで大きな影響をあたえた。

長江デルタの一翼

1978年にはじまった「改革開放」で中国の経済政策は大きく舵が切られ、資本主義の要素が導入された。1992年の鄧小平の南巡以降、上海は高度経済成長をとげ、隣接する浙江省と江蘇省も上海に準ずる発展を見せた。上海に近い浙江

Zhejiang 海と山と稲穂の世界

▲左　東海を通じて日本と中国には密接な往来があった。　▲右　南宋の岳飛をまつる廟、杭州にて

省北部の嘉興などの街では工業化が進み、紹興や寧波と上海のあいだには杭州湾をまたぐ超巨大大橋が架けられた。また20世紀末、浙江省南東の温州では、私有財産の認められる経済政策にいち早く適応し、中国各地に進出して莫大な富を築いた温州商人を輩出した。浙江省内陸部の義鳥には、安価な日用雑貨品をあつかう中国最大規模の卸売場があることも有名で、ここから「Made in CHINA」の多くの雑貨が日本に輸出されている。浙江省各地で特色ある経済活動が見られるなか、省都杭州は優れた環境、立地が注目され、中国を代表するIT企業が拠点をおく都市となっている。

【MEMO】

CHINA
浙江省

Guide, Hang Zhou
杭州城市案内

銭塘江の河口ほとりに開けた杭州
浙江省の政治、経済、文化の中心地で
西湖のほとりに景勝地が点在する

杭州 杭州 háng zhōu ハァンチョウ [★★★]

風光明媚な西湖が市街に隣接し、「地上の楽園」にもたとえられてきた浙江省の省都杭州(「天に天堂、地に蘇州と杭州あり」)。古くは人の住めない湿地帯だったが、5世紀に銭塘江と西湖のあいだに街が築かれ、610年に開削された京杭大運河の南の起点となったことで、人・もの・金の集まる都市へと発展をとげた。杭州の繁栄は、南宋(1127〜1279年)の都がおかれて最高潮を迎え、陶磁器や絵画などの文化、宋銭による貨幣経済、羅針盤を使った海上交易などが盛んになった。この時代(南宋に続く元)に杭州を訪れた冒険商人

CHINA
浙江省

　マルコ・ポーロは、当時、世界最大の150万人の人口を抱える都市の繁栄を『東方見聞録』のなかで記している。江南を代表する街という性格は、明清時代も引き継がれ、現在まで続いている。また南京とともに、王朝の都がおかれた江南では稀有な街でもあり、西安、洛陽、南京、北京、開封、安陽、鄭州とならぶ中国八大古都の一角をしめている。

▲左　時代を追うに連れて手を加えられた西湖。　▲右　中央に浮かぶ三潭印月は神仙の棲む世界に見られてきた

西湖 西湖 xī hú シイフウ ［★★★］

杭州の象徴とも言える西湖は、市街西部に広がることからその名がつけられた。多くの文人に愛され、唐の白居易や北宋の蘇東坡の詩に詠まれた美しい景観をもち、三方向を山林に一方向を都市に面する（その美しさは中国四大美女のひとり西施にたとえられる）。唐代以来、人の手によって造景が続き、周囲15kmの湖のほとりには仏教寺院、岳飛の霊廟、堤防や仏塔、楼閣などが配されている。この西湖は中国各地の湖や庭園に影響をあたえ、「杭州西湖の文化的景観」として世界遺産にも指定されている。

【地図】杭州西湖

【地図】杭州西湖の [★★★]
- [ ] 杭州 杭州ハァンチョウ
- [ ] 西湖 西湖シイフウ

【地図】杭州西湖の [★★☆]
- [ ] 孤山 [西湖十景] 孤山グウシャン
- [ ] 岳廟 岳庙ユエミィャオ
- [ ] 雷峰塔 [西湖十景] 雷峰塔レイフォンタア

【地図】杭州西湖の [★☆☆]
- [ ] 浙江省博物館 浙江博物馆 チャアジィアンボオウウグゥアン
- [ ] 西冷印社 西泠印社シィリンインシャア

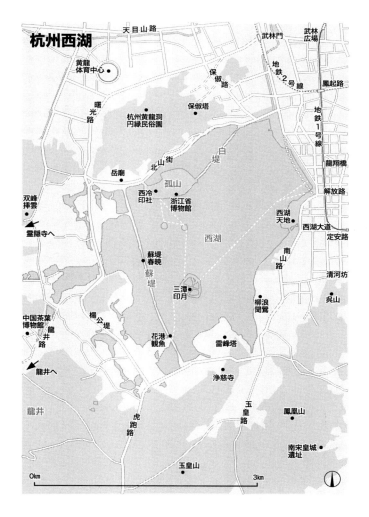

CHINA
浙江省

西湖の構成

「北は雅、西は幽玄、南は活気、東は街」というように場所ごとに異なる表情を見せる西湖。南北 3.2㎞、東西 2.8㎞からなる湖の北側を東西に白堤、西側を南北に蘇堤が走る（白堤は唐代の杭州に赴任した官吏白居易、蘇堤は北宋の杭州に赴任した官吏蘇東坡に由来する）。この白堤と蘇堤では西湖十景に代表される美しい景観が見られ、神仙の棲む仙境蓬莱にたとえられる「三潭印月」が湖の中心部に浮かぶ。

西湖十景

1、蘇堤春暁 苏堤春晓（蘇堤で見る春景色）

2、平湖秋月 平湖秋月（湖面に映る秋の月）

3、花港観魚 花港观鱼（金魚池や花壇の様子）

4、柳浪聞鶯 柳浪闻莺（柳並木で聞く鶯の鳴き声）

5、双峰挿雲 双峰插云（ふたつの峰にたなびく雲の様子）

6、三潭印月 三潭印月（石灯籠と月光が湖面に映る様子）

7、雷峰夕照 雷峰夕照（雷峰塔の夕景）

8、南屏晩鐘 南屏晚钟（夕刻に鳴る浄慈寺の鐘）

9、曲院風荷 曲院风荷（蓮の花の香りただよう酒屋）

【MEMO】

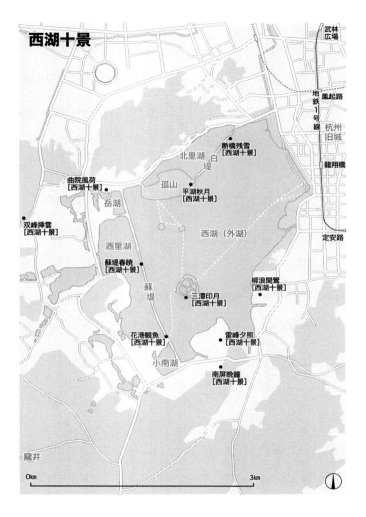

浙江省

10、断橋残雪 断桥残雪（外湖と北里湖を結ぶ断橋に残る雪）

孤山 [西湖十景] 孤山 gū shān グウシャン [★★☆]
西湖を一望できる湖北側に浮かぶ孤山。唐の白居易や北宋の蘇東坡といった文人に愛されたほか、南巡した清朝皇帝もここに行宮を構えた。『四庫全書』が保管された「文瀾閣」、杭州料理の老舗「楼外楼」も立つ。この孤山ははるか昔、西湖がまだ海とつながっていたころから島だったところで、現在は白堤などで岸辺と結ばれている。

▲左　孤山に立つ浙江省博物館。　▲右　岳飛を処刑した秦檜は売国奴とされてきた、岳廟にて

浙江省博物館 浙江博物馆 zhè jiāng bó wù guǎn
チァアジィアンボオウウグゥアン ［★☆☆］

杭州や浙江省で発掘された玉器、陶磁器、絵画などを展示する浙江省博物館。切妻屋根の中国伝統建築となっている。

西冷印社 西泠印社
xī líng yìn shè シィリンインシャア ［★☆☆］

西冷印社は 1904 年、呉昌碩（1844 〜 1927 年）を社長として結成された。書画や印章の研究を行なう文人が所属し、清朝末期から続く伝統をもつ。

CHINA
浙江省

岳廟 岳庙 yuè miào ユエミィャオ ［★★☆］

中国民衆から人気の高い「救国の英雄」岳飛をまつった岳廟。岳飛（1103〜41年）は異民族金に華北を奪われるという南宋の国難のなか、ひとり気をはいて金軍を撃破していた。しかし、金との和議を考える南宋の宰相秦檜によって処刑され、死後、名誉が回復された。岳廟には「還我河山（山河を我に返せ）」の額と岳飛の像、「漢奸（国土北半分を異民族に割譲した売国奴）」とされた秦檜の跪いた鉄像が見られる。

▲左　北側の保俶塔に対峙して立つ雷峰塔。　▲右　杭州でもっともにぎわうところの河坊街

雷峰塔 ［西湖十景］雷峰塔
léi fēng tǎ レイフォンタア ［★★☆］

西湖の南側にそびえる高さ72mの雷峰塔。975年、仏教をもって国を統治した呉越国の銭弘俶によって創建された。民間伝承『白蛇伝』の白蛇の精が塔のしたに鎮められているというほか、西湖十景のひとつ「雷峰夕照」にもあげられる。1924年に倒壊したのち、現在の塔は2002年に再建された。

【地図】杭州旧城

【地図】杭州旧城の [★★★]
- ☐ 杭州 杭州ハァンチョウ
- ☐ 西湖 西湖シイフウ

【地図】杭州旧城の [★★☆]
- ☐ 河坊街（清河坊）河坊街ハァファンジエ

【地図】杭州旧城の [★☆☆]
- ☐ 鳳凰寺 凤凰寺フェンフゥアンスウ

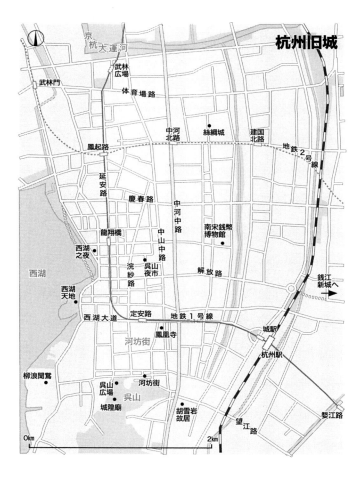

Zhejiang　杭州城市案内

CHINA
浙江省

河坊街（清河坊） 河坊街 Hé fāng jiē ハァファンジエ [★★☆]
南宋時代の街並みや雰囲気の再現された河坊街。漢方の「胡慶余堂」、はさみの「張小泉」はじめ、杭州を代表する老舗が店を構え、1日中にぎわっている。

鳳凰寺 凤凰寺 fèng huáng sì フェンフゥアンスウ [★☆☆]
南宋時代の宮廷からまっすぐ北に伸びる御街に残る鳳凰寺。イスラム教徒が礼拝に訪れ、創建は唐代（618〜907年）にさかのぼる。その後、元代（1314〜20年）に回回太師の阿老丁（アラディン）によって整備された由緒正しいモスクとなっている。

【MEMO】

CHINA
浙江省

Guide,
Hang Zhou Jiao Qu
杭州郊外
城市案内

逆流する銭塘江の流れを鎮めるための六和塔
中国最高峰の緑茶を育む龍井
杭州郊外に点在する景勝地

六和塔 六和塔 liù hé tǎ リィウハァタア ［★★☆］

銭塘江のほとりにそびえる高さ59.9mの六和塔。970年、呉越国の銭弘俶によって、決まった時期に逆流する銭塘江を鎮めるため建てられた（銭塘江は中秋の名月のときに逆流し、銭塘江の「大海嘯」はアマゾン河の「ポロロッカ」と双璧）。杭州を訪れる船に向かって、灯台の役割も果たしてきた。

【地図】杭州郊外

【地図】杭州郊外の [★★★]
- ☐ 杭州 杭州ハァンチョウ
- ☐ 西湖 西湖シイフウ

【地図】杭州郊外の [★★☆]
- ☐ 孤山 [西湖十景] 孤山グウシャン
- ☐ 岳廟 岳庙ユエミィャオ
- ☐ 雷峰塔 [西湖十景] 雷峰塔レイフォンタア
- ☐ 河坊街（清河坊）河坊街ハァファンジエ
- ☐ 六和塔 六和塔リィウハァタア
- ☐ 龍井 龙井ロンジン
- ☐ 霊隠寺 灵隐寺リンインスウ

【地図】杭州郊外の [★☆☆]
- ☐ 京杭大運河 京杭大运河ジンハァンダアユンハァ

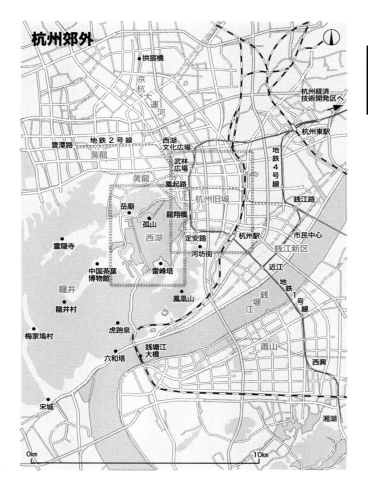

CHINA
浙江省

龍井 龙井 lóng jǐng ロンジン ［★★☆］

西湖の南西に広がる丘陵地帯の龍井。色、香り、味、かたちから、龍井茶は中国を代表する緑茶と知られる。傾斜した地形、温暖な気候土壌などのよい茶を生産するための好条件をもち、皇帝に献上するお茶もつくられた。龍井茶に使う最高の水を育む「虎跑泉」、茶葉や茶器、茶の歴史について展示する「中国茶葉博物館」も近くに位置する。

▲左　杭州を代表する仏教寺院の霊隠寺。　▲右　龍井茶は香り、味ともに中国茶の最高峰

霊隠寺 灵隐寺 líng yǐn sì リンインスウ ［★★☆］

五山十刹のひとつで、杭州屈指の名刹にあげられる霊隠寺。東晋時代の326年、インドの仏僧慧理によって開山され、霊隠寺という名はあたりの環境が「インドの霊鷲山」に似ているところから名づけられた。天王殿、大雄宝殿、薬師殿といった伽藍のほか、飛来峰に刻まれた石窟も有名で、なかでも「弥勒菩薩の化身」布袋和尚の石像が知られる。

CHINA
浙江省

京杭大運河 京杭大运河
jīng háng dà yùn hé ジンハァンダアユンハァ [★☆☆]

杭州から北京まで中国南北を結ぶ全長1794kmの京杭大運河。610年、隋の煬帝によってそれまで別個に機能していた運河がひとつながりとなり、この大運河を使って豊かな江南の物資が華北に運ばれた(「政治の中心地」中原と「経済の中心地」江南が結ばれた)。万里の長城とともに中国の二大土木事業とされ、世界文化遺産にも指定されている。

浙江文化
豊かさと繊細さと

CHINA
浙江省

今から7000年前にさかのぼる河姆渡遺跡
長江文明揺籃の地でもある浙江省は
中国文化に大きな貢献をした

海に開けた地形

紀元前5世紀の春秋越国の時代には、寧波近くに港があったと言われ、越は海上交易で力をつけたという。浙江省は南北に長い中国の海岸線のちょうど中央部にあたり、中国でもっとも豊かな「長江下流域を後背地とする」という特徴をもつ。上海発展以前、このあたり最大の海港は浙江の寧波にあり、寧波は1000年にわたって日本の使節が往来する窓口となっていた（その深い関係から、日本では「寧波」を現地音の「ニンポー」と呼ぶ）。また寧波沖の洋上に浮かぶ舟山群島には漁撈に根ざした文化が残るほか、かつてはこの地方を荒らす

浙江 文化豊かさと繊細さと Zhejiang

倭寇(海賊)たちの根城となっていた。この舟山群島と日本の五島列島を行き交った倭寇(商人)として王直が知られ、1543年、王直に導かれたポルトガル人によって鉄砲が種子島に伝来している。

稲と豊かな物産

浙江省北部、杭州湾沿いの平原部は古くからの経済先進地で、この地に杭州、紹興、寧波といった大都市が位置する。銭山漾遺跡から最古級の絹が見つかるなど、浙江の地は米や絹などの物資、海を通じて海産物や塩などの物産に恵まれて

CHINA
浙江省

きた。「中国最高の緑茶」龍井茶は杭州西湖湖畔で栽培され、日本で知られる温州みかんは浙江省温州から名前がとられている（温州みかんは、浙江省黄岩あたりの種をもとに日本で出現した新種）。ほかにも径山寺味噌、天目茶碗は浙江省から日本に伝わったもので、これは寧波が中国と日本を結ぶ窓口だったことに由来する。四季の移り変わりや温暖な気候で、浙江省と日本の親和性も指摘される。

▲左　杭州霊隠寺の布袋和尚像、日本では七福神のひとり。　▲右　インドのアショカ王にちなむ阿育王寺

浙江省の文化

清らかな水と滋味豊かな風土をもつ浙江の地では、古くから銅や土を原材料とする工芸品が生産されてきた。春秋越では青銅の鼎や銅剣がつくられ、のちに三国呉の職人は日本に三角縁神獣鏡（銅鏡）の技術を伝えたと言われる。紀元前後から浙江の越窯製の陶磁器は強度や技術の高さから中国屈指とされ、呉越国（907〜978年）、南宋（1127〜1279年）時代に越窯で焼かれた陶磁器は明清時代の皇帝も求めるほどだった。絵画の分野では、杭州を都とした南宋の宮廷画家たちが西湖や自然を描き、のちの明代の北京で活躍する浙派へとつ

CHINA
浙江省

ながっていった(遣明使として寧波から北京へのぼった雪舟は、この浙派の影響のもと水墨画を大成させている)。また明清時代、『白蛇伝』『梁山伯と祝英台』といった浙江の民間伝承が小説や戯曲のかたちで人気を博し、紹興郊外の嵊州発祥の越劇は20世紀初頭に上海に進出して、現在では京劇と人気を二分している。

中国を代表する仏教の伝統

唐末に続く呉越国、宋、元代の浙江は、中国有数の仏教文化を咲き誇らせた。唐と五代以前、都長安を中心に廃仏が行な

▲左　浙東は多くの文人を輩出してきた、天一閣にて。　▲右　水郷の面影を残す紹興

われたのに対して、江南では比較的その影響が少なかったこと、自力修行の禅宗が発展したこと、杭州を都とする南宋が五山十刹の制度を整えたことなどが理由とされる。南宋は仏教（禅宗）寺院を管理下におく目的で、都杭州の径山寺（1位）、霊隠寺（2位）、浄慈寺（4位）、港町寧波の天童寺（3位）、阿育王寺（5位）を五山とした。こうした禅寺は山間部に建てられることが多く、太白山（天童寺）、育王山（阿育王寺）など山の名前をとって呼ばれることもある。この五山十刹に訪れたのが栄西や道元といった鎌倉仏教の担い手で、浙江で栄えた中国最先端の仏教を日本にもち帰ることになった。

Guide, Shao Xing
紹興城市案内

紹興は文豪魯迅や紹興酒を生んだ水郷
春秋越の紀元前5世紀に創建され
豊富な神話と伝承が伝えられている

紹興 绍兴 shào xīng シャオシィン ［★★★］

「紹興酒」の故郷と知られる紹興は、その歴史を紀元前21世紀にまでさかのぼれる浙江省屈指の古都。伝説の禹王が紹興郊外にまつられているほか、紀元前5世紀ごろ、春秋呉越の越国の都はここにあった。会稽山と鑒湖（街の南側に広がっていた湖）の自然は「稽山鏡水」とたたえられ、城内は水路を張りめぐらせる水郷だった。紹興の美しい風土は六朝（3〜6世紀）の王羲之、明（14〜17世紀）代の黄宗羲といった文人に愛され、数多くの科挙合格者を輩出してきた。近代では秋瑾、蔡元培、魯迅といった辛亥革命（1911年）に貢

【地図】紹興

【地図】紹興の [★★★]
- [ ] 紹興 绍兴 シャオシィン

【地図】紹興の [★★☆]
- [ ] 魯迅故里 鲁迅故里 ルウシュングウリイ
- [ ] 八字橋 八字桥 バアツウチャオ
- [ ] 中国黄酒博物館 中国黄酒博物馆 チョングゥオフゥアンジョウボオウグゥアン

【地図】紹興の [★☆☆]
- [ ] 沈園 沈园 チェンユゥエン
- [ ] 戒珠寺 戒珠寺 ジエチュウスウ
- [ ] 周恩来紀念館 周恩来纪念馆 チョウオンライジイニィエングゥアン
- [ ] 秋瑾烈士紀念碑 秋瑾烈士纪念碑 チィウジンリエシイジイニィエンベイ
- [ ] 紹興博物館 绍兴博物馆 シャオシンボオウグゥアン
- [ ] 倉橋直街 仓桥直街 ツァンチャオチイジエ

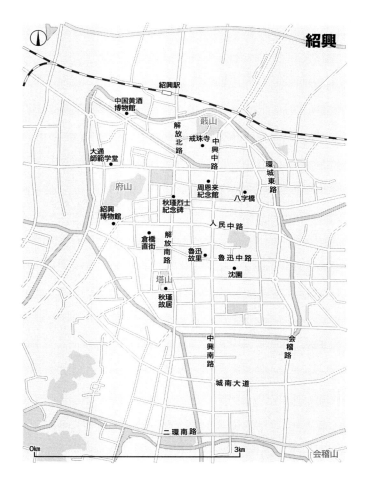

【地図】魯迅故里

【地図】魯迅故里の ［★★★］
- [ ] 紹興 绍兴 シャオシィン

【地図】魯迅故里の ［★★☆］
- [ ] 魯迅故里 鲁迅故里 ルウシュングウリイ

【地図】魯迅故里の ［★☆☆］
- [ ] 咸亨酒店 咸亨酒店 シィアンハァンジュウディエン

CHINA
浙江省

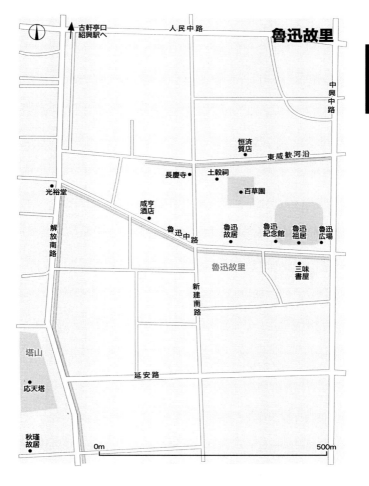

CHINA
浙江省

献した人びとが紹興を出身とするなど、人材の宝庫と知られる。現在、多くの水路は埋め立てられたが、「烏蓬船（黒蓬船）」と呼ばれる紹興独特の手足の両方を使ってこぐ船、水路に架かる橋、水辺に暮らす人びとの光景も残っている。

魯迅故里 魯迅故里 lǔ xùn gù lǐ ルウシュングウリイ［★★☆］
近代中国を代表する文豪魯迅（1881〜1936年）が生まれた故郷の魯迅故里。魯迅の周一族は明代から紹興に暮らす名門一族と知られ、この界隈のいくつかの台門（住居）にわかれて暮らしていた。魯迅の家は、父親の代から没落し、そうし

▲左　魯迅ゆかりの場所がいくつも点在する魯迅故里。　▲右　紹興界隈でしか見られない烏蓬船

た少年時代の思い出を『故郷』『薬』などに記している。魯迅は清朝末期の中国から明治維新を成功させた日本へ留学し、そこで医学から文学を志すようになった。中国帰国後、『阿Q正伝』『狂人日記』といった作品を書いて中国青年層の支持を受け、国民党に追われながら、各地を転々とし、上海でなくなった。新中国成立の1949年以後、国民的作家の生まれ故郷「魯迅故里」として整備され、多くの観光客を集めている。

CHINA
浙江省

魯迅故里の構成

東西に走る魯迅中路（かつての東昌坊口）一帯に点在する魯迅ゆかりの場所。覆盆橋界隈が「魯迅広場」として整備され、巨大な魯迅の肖像画が立つ。「魯迅祖居（老台門）」は魯迅の祖父が暮らした家で、手ぜまになったその家から魯迅の家族は「魯迅故居（新台門）」へ移住した。この魯迅故居（新台門）で魯迅は少年時代を過ごし、魯迅作品にも登場する「百草園」も見られる。魯迅故居（新台門）のすぐそばには1951年に開館した「魯迅紀念館」があって、魯迅ゆかりの品々を展示している。この紀念館の向かいに魯迅が12歳から17歳まで通っ

た私塾の「三味書屋」が残り、遅刻してしかられた自分をいましめるため魯迅が彫った「早」の字の残る机も見られる。

咸亨酒店 咸亨酒店
xián hēng jiǔ diàn シィアンハァンジュウディエン[★☆☆]
魯迅故里の西側に立つ魯迅の小説『孔乙己』にも登場する咸亨酒店。魯迅の親族は1894年ごろから酒屋を営んでいて、魯迅はそれを題材に「飲み仲間に馬鹿にされる没落読書人」孔乙己を描いた。現在の咸亨酒店は1981年に再現されたもので、通りに面して孔乙己の像が立っている。

浙江省

沈園 沈园 chén yuán チェンユゥエン ［★☆☆］

沈園は、中心の池の周囲に楼閣や庭園を配した紹興を代表する園林。南宋の詩人陸游（1125〜1210年）が、別れた元妻唐琬と再会した悲恋の場所と知られ、陸游はそのとき沈園の壁に未練をつづった『釵頭鳳』を書きなぐったという。

戒珠寺 戒珠寺 jiè zhū sì ジエチュウスウ ［★☆☆］

紹興三山のひとつ戒山を背後に立つ戒珠寺（府山、塔山とあわせて三山）。ここは東晋時代、都南京から離れて暮らした書聖王羲之（307〜365年）の邸宅があった場所で、あたり

▲左　運河に続く階段、水路を中心に街はつくられた。　▲右　今なお人びとに慕われる周恩来

には「墨池」「題扇橋」「筆飛弄」など王羲之ゆかりの地が点在する。

周恩来紀念館 周恩来纪念馆 zhōu ēn lái jì niàn guǎn
チョウオンライジイニィエングゥアン ［★☆☆］

通りをはさんで立つ周恩来紀念館と周恩来祖居。紹興は政治家周恩来（1898〜1976年）原籍の地で、明代から続く名門の周一族が多く暮らす（祖父の代から淮安に移住した）。1939年、周恩来はこの祖先ゆかりの地を訪れ、現在、周恩来紀念館では周恩来像とともに写真展示が見られる。

浙江省

八字橋 八字桥 bā zì qiáo バアツウチァオ [★★☆]

南側から見た橋のかたちが「八の字」に似ていることから名づけられた八字橋。南宋の1256年に架けられた紹興に現存するもっとも古い橋で、高さ5m、長さ4.5m、幅3.2mの石橋となっている。橋のしたを船が通れるほか、あたりには水辺と一体となった人びとの暮らしが見られる。

秋瑾烈士紀念碑 秋瑾烈士纪念碑 qiū jǐn liè shì jì niàn bēi チィウジンリエシイジイニィエンベイ [★☆☆]

紹興の中心部、道路が「丁字型」に交わる古軒亭口に立つ高

▲左　倉橋直街あたりでは江南の伝統的な街並みが残る。　▲右　ここで女性革命家の秋瑾は処刑された、秋瑾烈士紀念碑

さ 10m の秋瑾烈士紀念碑。秋瑾（1875 〜 1907 年）は清朝支配のなか男女平等の社会を志して活動を行なった女性革命家で、紹興で生まれた。秋瑾の計画は清朝側にもれたため、秋瑾は繁華街だったこの地で処刑された。

紹興博物館 绍兴博物馆 shào xīng bó wù guǎn
シャオシンボオウウグゥアン ［★☆☆］

紀元前 5 世紀の越の時代から行政府があった府山の南側に立つ紹興博物館。前方に高さ 12.8m、重さ 8 トンという青銅の剣がおかれ、高床式住居、玉器、陶磁器などの展示で紹興の

CHINA
浙江省

文化を紹介する。

倉橋直街 仓桥直街
cāng qiáo zhí jiē ツァンチャオチイジエ [★☆☆]
倉橋直街は紹興の伝統的な街並みを残す一角。運河に沿うように走り、江南の風情を感じさせる白の漆喰壁、黒の屋根瓦が見られる。

中国黄酒博物館 中国黄酒博物馆
zhōng guó huáng jiǔ bó wù guǎn
チョングゥオフゥアンジョウボオウウグゥアン ［★★☆］

この街で製造される紹興酒にまつわる展示が見られる中国黄酒博物館。紹興酒は紀元前5世紀の春秋越の時代から知られ、中国を代表する酒として親しまれてきた。米とミネラルをふくんだ鑑湖の水を蒸留することで紹興酒が製造され、紹興酒を入れた瓶を載せて船が運河を進む様子は紹興の知られた光景だった。

Guide, Shao Xing Jiao Qu
紹興郊外城市案内

六朝貴族たちによる曲水の宴が行なわれた蘭亭
伝説の禹王がまつられた大禹陵廟
中国史を彩る紹興郊外への旅

蘭亭 兰亭 lán tíng ランティン ［★★★］

353年、会稽郊外の蘭亭で、王羲之は六朝貴族たちを集めて禊をしたあと、曲水の宴を催した。酒の杯を曲水に流し、それが着くまでに詩をつくるというもので、その詩集の序文にあたる王羲之の書（『蘭亭序』）は中国行書の最高傑作にあげられる。六朝時代、都から離れた自然のなかで詩を詠んだり、清談をしたりすることが貴族の最高の楽しみとされ、それを体現したのが曲水の宴だった。王羲之による「鵞池の碑」、正殿にあたる「流觴亭」、清朝康熙帝の碑の立つ「御碑亭（八角亭）」が残る。

【地図】紹興郊外

【地図】紹興郊外の［★★★］
- [ ] 紹興 绍兴 シャオシィン
- [ ] 蘭亭 兰亭 ランティン
- [ ] 大禹陵廟 大禹陵庙 ダアユウリンミャオ

【地図】紹興郊外の［★★☆］
- [ ] 魯迅故里 鲁迅故里 ルウシュングウリイ

【地図】紹興郊外の［★☆☆］
- [ ] 東湖 东湖 ドォンフウ

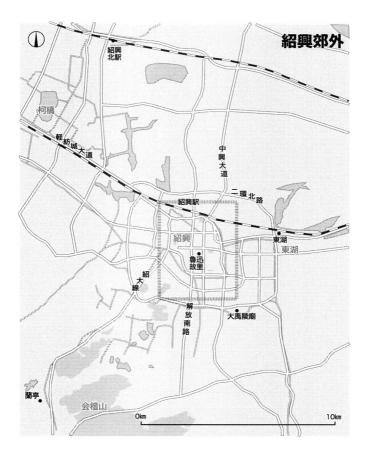

浙江省

大禹陵廟 大禹陵庙
dà yǔ líng miào ダアユウリンミャオ [★★★]

禹王は治水に成功した伝説上の王で、夏王朝（紀元前21〜前16世紀ごろ）の創始者とされる。禹王は会稽の地で、諸侯を集めて論功行賞を行ない、この地でなくなったと伝えられる（紹興古名の会稽は、禹王の「会め稽る」からとられている）。大禹陵廟は漢代もしくは梁代に建てられたとされ、墓にあたる大禹陵と祭祀を行なう位牌がおかれた禹廟からなる。明代の南大吉の筆による「大禹陵」の文字の刻まれた石碑が立つ。

▲左　都南京から離れて六朝貴族はここ蘭亭で宴を楽しんだ。　▲右　治水に成功したという伝説の禹王

東湖 东湖 dōng hú ドォンフウ ［★☆☆］

絶壁や洞窟、奇岩が彩る美しい景観の広がる東湖。かつて、後漢の 140 年に整備された広大な鑒湖が紹興南側にあり、その東側を東湖、西側を西湖と呼んだ。現在の東湖では烏蓬船が見られるほか、嘉興の南湖、杭州の西湖とともに浙江三大湖にあげられる。

Guide, Ning Bo
寧波
城市案内

寧波は遣唐使や入宋仏僧の訪れた港町
1523年、遣明使として訪れた日本人が
ここで寧波の乱を起こしたという経緯もある

寧波 宁波 níng bō ニィンボオ ［★★★］

甬江から東海へ通じる寧波は、浙江を代表する港町。唐代の821年、余姚江と奉化江の合流する三江口に街が築かれ、宋代には広州、泉州ともに市舶司がおかれて「海のシルクロード」の起点となっていた。とくに杭州を都とした南宋（1127〜1279年）時代、その外港となり、日本の使節の受け入れ窓口があったことで、商人、仏僧、外交使節など「日本人が中国への第一歩」を踏み入れる街となった。こうした港町寧波の気風は、明清時代を通じて浙東学術文化を育み、アヘン戦争（1840〜42年）後、上海とともにいち早く開港された。

【地図】寧波

【地図】寧波の［★★★］
- ☐ 寧波 宁波ニィンボオ
- ☐ 天一閣 天一阁ティエンイイガァ

【地図】寧波の［★★☆］
- ☐ 鼓楼 鼓楼グウロウ
- ☐ 寧波外灘公園 宁波老外滩公园 ニィンボオラオワイタンゴォンユゥエン

【地図】寧波の［★☆☆］
- ☐ 月湖 月湖ユエフウ
- ☐ 城隍廟 城隍庙チェンフゥアンミャオ
- ☐ 天封塔 天封塔ティエンフェンタア
- ☐ 天一広場 天一广场ティエンイイグゥアンチャァン
- ☐ 慶安会館 庆安会馆チィンアンフイグゥアン

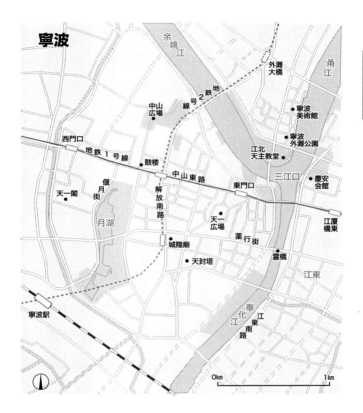

CHINA
浙江省

近代、国民党を支えた浙江財閥は寧波商人をはじまりとし、いっときは中国の大部分の富を手にしていた。三江口ほとりにかつて城壁をめぐらせていた寧波旧城があり、寧波郊外にも多くの景勝地が点在する。

月湖 月湖 yuè hú ユエフウ ［★☆☆］
寧波旧城の南西部に広がる南北 1000m、東西 130m の月湖。湖のほとりには文人たちが邸宅を構え、今も居士林、高麗使館、超然閣などが残っている。かつて月湖とともに寧波旧城にあった日湖は 20 世紀に入って消滅した。

▲左　天一閣は現存するアジア最古の図書館。　▲右　城壁は唐代のものだという鼓楼

天一閣 天一阁 tiān yī gé ティエンイイガァ ［★★★］

天一閣は、現存する東アジアで最古の図書館。明代の1561年に建てられた官吏范欽の蔵書楼をはじまりとし、地方誌、文学、思想などの書物を収蔵していた。この蔵書を求めて多くの文人が集まり、建物は火災をふせぐ池を効果的に配するなど、書物を保存するために最適の設計がされているという（乾隆帝の建てた『四庫全書』を安置する楼閣はすべてこの天一閣を模範とした）。19世紀の寧波で生まれた麻雀にまつわる麻雀博物館を併設する。

浙江省

鼓楼 鼓楼 gǔ lóu グウロウ ［★★☆］

寧波市街の中心部に立ち、唐代の城壁を残す寧波の鼓楼。高さ28mの鼓楼の上部には1930年につけられた時計塔が見える。海曙楼とも呼ばれ、鼓楼奥には鼓楼歩行街が整備されている。

城隍廟 城隍庙
chéng huáng miào チェンフゥアンミャオ ［★☆☆］

寧波の都市の守り神をまつる城隍廟。あたりは城隍廟商城となっていて、衣服、雑貨、食料品などの店舗が入居する。

天封塔 天封塔 tiān fēng tǎ ティエンフェンタア ［★☆☆］

唐代の 695 年に創建された天封塔。かつては高さ 51m だったが、再建された現在の塔は六角七層で高さ 18m となっている。城隍廟に隣接してそびえる。

天一広場 天一广场
tiān yī guǎng chǎng ティエンイイグゥアンチャァン［★☆☆］

寧波中心部に位置する大型商業施設の天一広場。国際購物中心、銀泰百貨、キリスト教堂などが集まり、多くの寧波人が訪れる。

CHINA
浙江省

寧波外灘公園 宁波老外滩公园 níng bō lǎo wài tān gōng yuán
ニィンボオラオワイタンゴォンユゥエン ［★★☆］

寧波がアヘン戦争後に開港されたあと、1844年から西欧の商社や銀行が拠点をおいた寧波老外灘。中国進出を目論む西欧人の橋頭堡という、上海の外灘と同様の性格をもっていた。現在は寧波外灘公園として整備され、江北天主教堂、寧波美術館などが立つ。

▲左　イギリスなど西欧諸国が進出した寧波外灘公園。　▲右　うだつが派手にあがる、慶安会館にて

慶安会館 庆安会馆
qìng ān huì guǎn チィンアンフイグゥアン ［★☆☆］

奉化江をはさんで寧波旧城の対岸に残る慶安会館。会館とは地縁や職業をともにする人たちが相互扶助を行なうギルドのこと。寧波の慶安会館（甬東天后宮）には海の守り神の媽祖をまつる商人たちが集まっていた。1853年に建てられた。

Guide,
Ning Bo Jiao Qu
寧波郊外
城市案内

中国を代表する古刹の
阿育王寺と天童寺
仏僧たちは都から離れて修行にはげんだ

阿育王寺 阿育王寺
ā yù wáng sì アアユウワァンスウ [★★★]

寧波の東郊外に残る阿育王寺は、南宋五山十刹の一角をしめた仏教寺院。阿育王寺という寺名は、インドのアショカ王の建てた8万4000の仏塔のひとつがここにあるという伝承から名づけられた（仏塔にはブッダの遺灰である舎利を安置した）。栄西や重源の訪れた日本仏教ゆかりの寺院でもあり、高さ15.3mの舎利殿にはアショカ王の仏塔がおさめられているという。晋代の281年に創建された伝統をもつ。

【地図】寧波郊外

【地図】寧波郊外の [★★★]
- [ ] 寧波 宁波ニィンボオ
- [ ] 阿育王寺 阿育王寺アアユウワァンスウ
- [ ] 天童寺 天童寺ティエントォンスウ

【地図】寧波郊外の [★★☆]
- [ ] 保国寺 保国寺バァオグゥオスウ

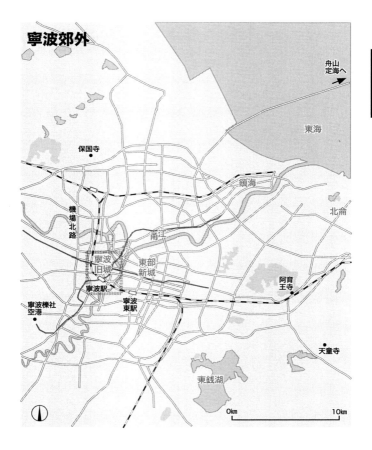

CHINA
浙江省

天童寺 天童寺 tiān tóng sì ティエントォンスウ [★★★]

天童寺は、道元(1200〜53年)の開いた日本曹洞宗の祖庭と知られる名刹。晋代の300年、「天から童子がおりてきて精舎づくりを手伝った」ことで天童寺と名づけられたという。これまで中国仏教を代表する僧侶が住持し、入宋した道元はここ天童寺で如浄禅師から教えを受けた(日本に帰国後、道元は日本曹洞宗を開いた。永平寺の伽藍は天童寺をもとにしている)。静かな太白山の自然に抱かれるように伽藍が展開し、あたりは風景区となっている。

▲左　ブッダの遺灰の仏舎利をおさめる阿育王寺。　▲右　太白山の自然に抱かれて立つ天童寺

保国寺 保国寺 bǎo guó sì バァオグゥオスウ ［★★☆］

唐代の880年以来の伝統をもつ保国寺。梁と柱をくみあわせたドーム状の屋根が残り、それは江南に現存するもっとも古い木造建築だという。

浙江から海流に乗って

近代になって上海や大連が台頭するまで
浙江は日本人にもっとも親しみ深い中国だった
その顔を弥生、鎌倉、室町といった時代にのぞかせる

稲作と浙江

寧波郊外の河姆渡遺跡からは、今から7000年前の新石器時代の遺構が発掘され、この地に黄河文明に匹敵する長江文明が存在していたことがわかっている。浙江省の人々は主食の米と魚を食する日本との共通の食文化をもち、日本に伝来した稲作は浙江の越（〜紀元前334年）の遺民が海流に乗って直接伝えたという説もある。くわえて浙江省から湖南省、雲南省、アッサム、ネパール、また西日本へとつながる照葉樹林文化を共有すると言われる（もち米、発酵した大豆、酒、漆、歌垣などの文化。浙江と日本に共通するものとして鵜飼

CHINA
浙江省

もあげられる)。南京に都があった六朝(3〜6世紀)時代、杭州に都があった南宋(12〜13世紀)時代に多くの漢族が南遷して、浙江の人口は爆発的に増えた。この人口増にあわせるように、浙江でも麦食が行なわれるようになり、また東南アジアからもたらされた生産性の高いインディカ米も栽培された。

浙江で修行した日本の仏教僧

日本の使節や商人の窓口にあたった浙江には、最澄や栄西、道元など多くの日本の仏教僧が訪れ、この地で仏教を学んで

▲左　道元は海を渡り、寧波天童寺で修行した。　▲右　餡をもち米でくるむ、寧波名物の湯圓

いる。最澄（767 〜 822 年）は天台山とその山麓の都市台州（現在の臨海）で学んで、寧波から帰国後、比叡山で日本天台宗を開いた。比叡山の僧侶だった栄西（1141 〜 1215 年）は、二度の入宋のなかで天台山、天童寺、阿育王寺で修行して日本臨済宗を開き、また道元（1200 〜 53 年）は天童寺で学んで日本曹洞宗を開いている。日本の僧侶たちが浙江の寺院を訪れたのは、複数回にわたる廃仏で華北の仏教が打撃を受けたこと、異民族金に華北が占領されていたため、南宋の領域で日本人が修行したことなどがあげられる。こうした仏僧たちには、最先端の中国仏教を日本に伝えるという意図があった。

浙江から海流に乗って

CHINA
浙江省

日本で受け継がれた禅文化

世界的に日本文化の代表格と見られる「禅」「茶道」は南宋時代ごろの浙江から日本へ受け継がれた。現在につながるお茶と茶道は『喫茶養生記』を記した栄西(1141～1215年)が日本に伝えたものを源流とし、その茶樹は浙江から運ばれた。また茶請けとして食べられる「饅頭」や「羊羹」といった和菓子ももとは中国杭州あたりの点心が伝えられたもので、日本でかたちを変えながら定着した。茶器の「天目茶碗」は杭州西部の天目山、「径山寺味噌」は禅宗の径山寺から名前がとられ、その他にも質素な食事、己と向きあうといった

浙江から海流に乗って

禅文化が日本に浸透するようになった。モンゴル族の元（13〜14世紀）や満州族の清（17〜20世紀）など北方民族の王朝が中国全土を支配するなかで、中国ではその伝統が中断してうすれてしまったものの、禅文化は日本で継承、発展された。

参考文献

『中国の歴史散歩3』(山口修・鈴木啓造 / 山川出版社)

『蘇州・杭州物語』(村上哲見 / 集英社)

『魯迅の紹興』(裘士雄・張観達・黄中海 / 岩波書店

『文化都市寧波』(早坂俊廣編 / 東京大学出版会)

『世界大百科事典』(平凡社)

[PDF] 杭州地下鉄路線図 http://machigotopub.com/pdf/hangzhoumetro.pdf

[PDF] 杭州空港案内 http://machigotopub.com/pdf/hangzhouairport.pdf

[PDF] 寧波地下鉄路線図 http://machigotopub.com/pdf/ningbometro.pdf

まちごとパブリッシングの旅行ガイド
Machigoto INDIA , Machigoto ASIA , Machigoto CHINA

【北インド - まちごとインド】

001 はじめての北インド
002 はじめてのデリー
003 オールド・デリー
004 ニュー・デリー
005 南デリー
012 アーグラ
013 ファテープル・シークリー
014 バラナシ
015 サールナート
022 カージュラホ
032 アムリトサル

【西インド - まちごとインド】

001 はじめてのラジャスタン
002 ジャイプル
003 ジョードプル
004 ジャイサルメール
005 ウダイプル
006 アジメール（プシュカル）
007 ビカネール
008 シェカワティ
011 はじめてのマハラシュトラ
012 ムンバイ
013 プネー
014 アウランガバード
015 エローラ
016 アジャンタ
021 はじめてのグジャラート
022 アーメダバード
023 ヴァドダラー（チャンパネール）

024 ブジ（カッチ地方）

【東インド - まちごとインド】

002 コルカタ
012 ブッダガヤ

【南インド - まちごとインド】

001 はじめてのタミルナードゥ
002 チェンナイ
003 カーンチプラム
004 マハーバリプラム
005 タンジャヴール
006 クンバコナムとカーヴェリー・デルタ
007 ティルチラパッリ
008 マドゥライ
009 ラーメシュワラム
010 カニャークマリ
021 はじめてのケーララ
022 ティルヴァナンタプラム
023 バックウォーター（コッラム〜アラップーザ）
024 コーチ（コーチン）
025 トリシュール

【ネパール - まちごとアジア】

001 はじめてのカトマンズ
002 カトマンズ
003 スワヤンブナート

004 パタン
005 バクタプル
006 ポカラ
007 ルンビニ
008 チトワン国立公園

【バングラデシュ - まちごとアジア】

001 はじめてのバングラデシュ
002 ダッカ
003 バゲルハット（クルナ）
004 シュンドルボン
005 プティア
006 モハスタン（ボグラ）
007 パハルプール

【パキスタン - まちごとアジア】

002 フンザ
003 ギルギット（KKH）
004 ラホール
005 ハラッパ
006 ムルタン

【イラン - まちごとアジア】

001 はじめてのイラン
002 テヘラン
003 イスファハン
004 シーラーズ
005 ペルセポリス
006 パサルガダエ（ナグシェ・ロスタム）
007 ヤズド
008 チョガ・ザンビル（アフヴァーズ）
009 タブリーズ

010 アルダビール

【北京 - まちごとチャイナ】

001 はじめての北京
002 故宮（天安門広場）
003 胡同と旧皇城
004 天壇と旧崇文区
005 瑠璃廠と旧宣武区
006 王府井と市街東部
007 北京動物園と市街西部
008 頤和園と西山
009 盧溝橋と周口店
010 万里の長城と明十三陵

【天津 - まちごとチャイナ】

001 はじめての天津
002 天津市街
003 浜海新区と市街南部
004 薊県と清東陵

【上海 - まちごとチャイナ】

001 はじめての上海
002 浦東新区
003 外灘と南京東路
004 淮海路と市街西部
005 虹口と市街北部
006 上海郊外（龍華・七宝・松江・嘉定）
007 水郷地帯（朱家角・周荘・同里・甪直）

【河北省 - まちごとチャイナ】

001 はじめての河北省
002 石家荘
003 秦皇島
004 承徳
005 張家口
006 保定
007 邯鄲

【江蘇省 - まちごとチャイナ】

001 はじめての江蘇省
002 はじめての蘇州
003 蘇州旧城
004 蘇州郊外と開発区
005 無錫
006 揚州
007 鎮江
008 はじめての南京
009 南京旧城
010 南京紫金山と下関
011 雨花台と南京郊外・開発区
012 徐州

【浙江省 - まちごとチャイナ】

001 はじめての浙江省
002 はじめての杭州
003 西湖と山林杭州
004 杭州旧城と開発区
005 紹興
006 はじめての寧波
007 寧波旧城
008 寧波郊外と開発区
009 普陀山
010 天台山
011 温州

【福建省 - まちごとチャイナ】

001 はじめての福建省
002 はじめての福州
003 福州旧城
004 福州郊外と開発区
005 武夷山
006 泉州
007 厦門
008 客家土楼

【広東省 - まちごとチャイナ】

001 はじめての広東省
002 はじめての広州
003 広州古城
004 天河と広州郊外
005 深圳（深セン）
006 東莞
007 開平（江門）
008 韶関
009 はじめての潮汕
010 潮州
011 汕頭

【遼寧省 - まちごとチャイナ】

001 はじめての遼寧省
002 はじめての大連
003 大連市街
004 旅順
005 金州新区

006 はじめての瀋陽
007 瀋陽故宮と旧市街
008 瀋陽駅と市街地
009 北陵と瀋陽郊外
010 撫順

【重慶 - まちごとチャイナ】

001 はじめての重慶
002 重慶市街
003 三峡下り（重慶〜宜昌）
004 大足

【香港 - まちごとチャイナ】

001 はじめての香港
002 中環と香港島北岸
003 上環と香港島南岸
004 尖沙咀と九龍市街
005 九龍城と九龍郊外
006 新界
007 ランタオ島と島嶼部

【マカオ - まちごとチャイナ】

001 はじめてのマカオ
002 セナド広場とマカオ中心部
003 媽閣廟とマカオ半島南部
004 東望洋山とマカオ半島北部
005 新口岸とタイパ・コロアン

【Juo-Mujin（電子書籍のみ）】

Juo-Mujin 香港縦横無尽
Juo-Mujin 北京縦横無尽
Juo-Mujin 上海縦横無尽

【自力旅游中国 Tabisuru CHINA】

001 バスに揺られて「自力で長城」
002 バスに揺られて「自力で石家荘」
003 バスに揺られて「自力で承徳」
004 船に揺られて「自力で普陀山」
005 バスに揺られて「自力で天台山」
006 バスに揺られて「自力で秦皇島」
007 バスに揺られて「自力で張家口」
008 バスに揺られて「自力で邯鄲」
009 バスに揺られて「自力で保定」
010 バスに揺られて「自力で清東陵」
011 バスに揺られて「自力で潮州」
012 バスに揺られて「自力で汕頭」
013 バスに揺られて「自力で温州」

【車輪はつばさ】
南インドのアイラヴァテシュワラ寺院には建築本体に車輪がついていて寺院に乗った神さまが人びとの想いを運ぶと言います。

・本書はオンデマンド印刷で作成されています。
・本書の内容に関するご意見、お問い合わせは、発行元の
　まちごとパブリッシング info@machigotopub.com までお願いします。

まちごとチャイナ
浙江省001はじめての浙江省
～杭州・紹興・寧波 [モノクロノートブック版]

2017年11月14日　発行

著　者	「アジア城市（まち）案内」制作委員会
発行者	赤松　耕次
発行所	まちごとパブリッシング株式会社 〒181-0013　東京都三鷹市下連雀4-4-36 URL http://www.machigotopub.com/
発売元	株式会社デジタルパブリッシングサービス 〒162-0812　東京都新宿区西五軒町11-13 清水ビル3F
印刷・製本	株式会社デジタルパブリッシングサービス URL http://www.d-pub.co.jp/

MP135

ISBN978-4-86143-269-9 C0326　　　Printed in Japan
本書の無断複製複写 (コピー) は、著作権法上での例外を除き、禁じられています。